Voor Altijd in de Greep van de Grillige Zee

Maritieme Archeologie

Voor Altijd in de Greep van de Grillige Zee

Maritieme Archeologie

Redactie:
Thomas Dhoop, Karolien Pazmany, Suzanna Praet, Dries Van Langendonck

Met bijdragen van:
Thomas Dhoop, Karolien Pazmany, Suzanna Praet, Dries Van Langendonck, Jeroen Vermeersch

Publicatie naar aanleiding van de gelijknamige tentoonstelling,
georganiseerd door Alfa, de archeologische studentenkring van de KU Leuven
Universiteitsbibliotheek, 15 februari tot 22 maart 2012.

Illustratie op de kaft: © Nicolas Mouchart

© 2012 – Peeters, Bondgenotenlaan153, 3000 Leuven

ISBN 978-90-429-2647-9
D/2012/0602/37

INHOUD

Voorwoord 1

Inleiding 3

Prehistorie 9

Romeinse Boot van Brugge 13

Dorestad 17

De Kogge 27

Zeebrugge wrak 43

Buiten Ratel 51

Rooswijk 63

Belgica 73

Prangenhof 93

Bronnen 101

Illustraties 103

Colofon 105

Sponsors 107

Beste lezer,

Jaarlijks organiseert Alfa, de kring voor studenten archeologie aan de KU Leuven, een archeologische tentoonstelling. Dit jaar gooiden we het over een andere boeg, want nooit eerder kwam de discipline van maritieme archeologie aan bod. De tentoonstelling kreeg de titel 'Voor Altijd in de Greep van de Grillige Zee, Maritieme Archeologie' met zich mee. Het is ook naar aanleiding van deze tentoonstelling dat we dit boekje samenstelden. Voor dit onderwerp zochten we naar aanwijzingen uit onze contreien voor menselijke activiteiten op en bij het water. Initiatieven op vlak van wetenschap en wetgeving zoals het onderzoek op de koggen van Doel in Borgerhout en de tiende verjaardag van de UNESCO-conventie voor de bescherming van het cultureel erfgoed onder water, vormden een belangrijke inspiratiebron. Met dit boekje hopen we u een eerste inkijk en tegelijk een overzicht van maritieme archeologie te geven. De inleiding, geschreven door Jeroen Vermeersch, zelf maritiem archeoloog, schetst kort de ontwikkeling en de aard van de discipline, waarna een fotoboek voorzien van anekdotische uitleg de diversiteit van het maritiem erfgoed weerspiegelt.

It's time to get your feet wet!

Thomas, Karolien, Suzanna en Dries

1

Maritieme Archeologie:
een Duik in de Geschiedenis

Keith Muckelroy, één van de grondleggers in de maritieme archeologie, meldde in zijn werk *Maritime Archaeology*: "*In any pre-industrial society, ..., a boat or (later) a ship was the largest and most complex machine produced*". Een inkijk in dit technische kunnen geeft niet alleen inzicht in wat de mens in het verleden technisch kon bereiken, maar de scheepsresten zijn, dankzij hun vaak uiterst goede bewaring, een geschenk voor archeologen. Dergelijke sites worden in de literatuur omschreven als tijdscapsules omwille van hun uitstekende bewaring in natte, zuurstofarme contexten. Organisch materiaal kan daarin nagenoeg perfect bewaard blijven. Onderwaterarcheologen vinden er daarenboven zowaar volledige potten!

Vaak lijkt er toch een erg romantisch beeld te bestaan over maritieme archeologie en het onderzoek op scheepswrakken. Het beeld dat Kuifje in het album 'De Schat van het Scharlaken Rakham' het wrak de *Eenhoorn* gaat beduiken is bij velen goed gekend. Een quasi volledig bewaard schip dat nog rechtop in helder blauw water staat en bezocht wordt door exotische vissen is vaak het beeld dat men dan voor ogen heeft. In onze wateren zijn houten wrakken in bijna perfecte toestand helaas niet aanwezig. Omstandigheden zoals de sterke stroming en intensieve visserij lenen zich daar niet toe. En toch bestaan dergelijke voorbeelden. In het meest bezochte museum van Scandinavië staat namelijk de *Vasa*. Dit schip werd in 1628 in de haven van Stockholm te water gelaten maar verging al kort na de tewaterlating. Fouten in de constructie, met dus een slechte stabiliteit, in combinatie met een zachte zijwind bleken de oorzaken te zijn. Dit prachtschip vormt in elk geval geen uitzondering. In de jongste jaren werden schepen van vergelijkbare kwaliteit in de Baltische zee aangetroffen. Denk maar aan de *Ghostship*, de *Lionwreck*, *De Vrouw Maria* etc. Schepen die nog met hun volledige lading na bijna 400 jaar op hun kiel op de bodem rusten en met de masten nog steeds rechtop staan!

Maar voor interessante scheepsvondsten hoeft er niet steeds, zoals wij vaak de neiging hebben, over de grenzen heen gekeken worden. Dit bewijzen de vele scheepsvondsten die in de laatste 100 jaar in Vlaanderen gevonden zijn. Ze geven een beeld van hoe onze voorouders van in de prehistorie tot in recente tijden gebruik maakten van de zeeën en rivieren in en om Vlaanderen. Helaas zijn vele van deze vondsten beperkt onderzocht en resten ons enkel nog aantekeningen en schetsen.

Toch lijkt het dat er de laatste jaren verandering komt in onze aandacht voor het maritiem erfgoed. We denken misschien snel aan de twee koggen van Doel maar laten we de kano van Neckerspoel, de Romeinse boot van Brugge, de *Belgica* of de vele 20ᵉ eeuwse schepen in onze Noordzee maar niet vergeten.

Ontwikkeling van de Maritieme Archeologie

Duidelijk is wel dat maritieme archeologie één van de jongste disciplines is binnen de archeologie. Ook deze laatste is nog een jonge wetenschap. Het besef dat materiële resten ons iets kunnen leren over vroegere samenlevingen is amper twee eeuwen oud. De archeologie heeft zich ondertussen ontwikkeld van een hobby van verzamelaars en kunstliefhebbers tot een vak met eigen regels, technieken en inzichten die ten dele zelfstandig zijn ontwikkeld en ten dele ontleend zijn uit andere disciplines. Voor wat betreft de 'natte' archeologie kwam de ontwikkeling ervan in de jaren '40 in een stroomversnelling. Met de uitvinding van de *aqualong* door Cousteau en Gagnand in 1942 brak een nieuw tijdperk aan voor de archeologie onder water. Waar men voordien voornamelijk ging duiken met duikhelmen en

zware pakken of in duikersklokken kon een mens zich nu zelfstandig onder water begeven. Eén van de eerste pogingen om onder water op een wetenschappelijke manier een scheepswrak te onderzoeken, werd uitgevoerd door Jacques-Yves Cousteau zelf. Nabij het eiland Grand-Conglué werd een amforenheuvel opgegraven wat de vracht van een klassiek schip bleek te zijn. Tijdens deze werkzaamheden werden een aantal technieken ontwikkeld, maar de archeologische standaarden bleken in retrospectief onvoldoende. Naderhand stelde men vast dat de lading daarenboven toehoorde aan twee wrakken die op de zelfde locatie waren vergaan. Ook tijdens de opgraving op het *Titan*-wrak (nabij Marseille) in de jaren '50 werd door een collega van Cousteau toegegeven dat de resultaten en interpretaties van het wrak veel correcter zouden zijn indien er een archeoloog aanwezig was. 1960 wordt tegenwoordig aanzien als het geboortejaar van de onderwaterarcheologie. Toen een Amerikaanse journalist weet kreeg van de ontdekking van een scheepswrak nabij Kaap Gelidonya in Turkije door sponsduikers, bood dit de mogelijkheid voor student George Bass om een campagne te organiseren waarbij archeologische technieken toegepast worden op een site onder water. Na twee duiklessen (van de drie) vertrok hij naar Turkije en volbracht er een succesvolle opgraving. Dit opende niet alleen mogelijkheden op het vlak van onderwaterarcheologie, maar het wrak en haar lading zorgde ervoor dat de kennis over de handel in de Late Bronstijd in het Oostmediterrane gebied grotendeels herschreven werd.

Dit was een periode van de grote ontdekkingen in de maritieme archeologie. De in 1956 herontdekte *Vasa* werd uiteindelijk in april 1961 gelicht. Dit schip gaf een beeld op de vroege 17^e eeuwse schepen zoals die net van de werf afkwamen, al dient dit gerelativeerd te worden gezien de duidelijke constructiefouten en kan in die zin niet als volledig representatief aanzien worden. Eveneens in 1956 werd er in de Roskildefjord nabij Skuldelev (Denemarken) scheepshout ontdekt. Deze restanten werden in de daarop volgende jaren onder water onderzocht totdat men in de zomer van 1962 met behulp van een kofferdam vijf Vikingschepen kon opgraven. Deze bestonden uit twee oorlogsschepen, twee handelsschepen en een klein vissersbootje. Alle hebben een datering in de 11^e eeuw en geven ons hierdoor een prachtig voorbeeld van de verschillende scheepstypen die toen in gebruik waren. In datzelfde jaar trof men bij baggerwerken in Bremen de restanten aan van een erg goed bewaarde kogge. Deze staat thans opgesteld in het Deutsches Schiffahrtmuseum in Bremerhaven en wordt tot op de dag vandaag aanzien als een exemplarische kogge waarmee alle circa 30 gekende koggevondsten vergeleken worden.

In de volgende decennia ontwikkelde maritieme archeologie zich tot een volwassen (sub)discipline. Verschillende archeologen hielden zich fulltime bezig met onderzoek en ook op theoretisch vlak begon maritieme archeologie zich te ontwikkelen. Internationale conferenties en tijdschriften zorgden ervoor dat deze archeologen hun vondsten en ideeën konden uitwisselen en bediscussiëren. Terzelfder tijd werden er in de rest van de wereld grote onderzoeken uitgevoerd die de kennis van scheepsbouw, maritieme handel en oorlogsvoering doorheen de tijd beter gingen belichten. Denk maar aan de opgravingen van de *Batavia* (1628) in Australië, Uluburun in Turkije (13^e eeuw v. Chr.), de *Mary Rose* in Engeland (gezonken in 1545) en het Scheurrak SO1-wrak in Nederland (late 16e eeuw).

'Flandria Maritima'

Wat Vlaanderen (en België) aangaat, zien we de ontwikkeling, in vergelijking met de ons omliggende landen, pas vrij laat opkomen. Parallel aan het populariseren van de duiksport was Robert Sténuit snel gebeten door de microbe. Sinds de jaren '50 dook hij op verschillende wrakken in het buitenland die voornamelijk in de 17ᵉ tot 19ᵉ eeuw te dateren zijn. Op duikvlak dienen ook vader en zoon Termote vermeld te worden. Sinds de jaren '60 duikt men op de honderden wrakken die de Belgische Noordzee rijk zijn. Tomas Termote publiceerde sinds de jaren '90 reeds verschillende artikelen en boeken die de rijke (recente) maritieme geschiedenis van België belichten. Daarnaast zijn er verschillende duikverenigingen die op een al dan niet gestructureerde manier onderzoek deden (en nog steeds doen) op wrakken voor onze kust. Het 16ᵉ eeuwse Zeebrugge wrak en het 18ᵉ eeuwse Buitenratelwrak zijn daar goede voorbeelden van. Vanuit de overheid is er pas in het laatste decennium volwaardige aandacht gegeven aan het maritiem erfgoed in Vlaanderen. In de ruimere betekenis van maritieme archeologie werd in de jaren '90 wel archeologisch onderzoek gedaan naar de resten van het middeleeuwse dorp Walraversijde (nabij Oostende) waarbij ook uitgebreid landschappelijk onderzoek werd uitgevoerd. Dit onderzoek werd voorgegaan door (amateur)archeologen die al in de jaren '80 onderzoek deden naar strandvondsten. Op scheepsarcheologisch vlak zijn er wrakresten die reeds op het einde van de 19ᵉ eeuw werden gevonden. De Romeinse boot van Brugge werd in 1899 ontdekt tijdens werken aan de Brugse haven. Ook in de loop van de 20ᵉ eeuw werden

verschillende scheepsresten aangetroffen. Onder andere uit de Schelde kwamen maar liefst zes boegbeelden, afkomstig van vermoedelijk 'Saksische' schepen die tijdens de vroege middeleeuwen onze contreien aandeden. In Antwerpen werden meerdere middeleeuwse scheepsresten gevonden. Bij de in 1884 uitgevoerde graafwerken voor de bouw van de kaaimuur van het Lefèbvredok (nu Amerikadok) zijn vijf boven elkaar liggende scheepswrakken aangetroffen. Van deze scheepswrakken zijn in het Antwerpse stadsarchief enkel de opgravingsplannen bewaard gebleven en worden in de 13ᵉ eeuw gedateerd. Deze, en andere hier niet vermelde, scheepsvondsten geven toch het idee dat er in onze contreien een intensief maritiem verkeersnetwerk was. Vondsten uit de IJzertijd, zoals de boomstamkano van Nekkerspoel (Mechelen), gedateerd circa 500 v. Chr. tonen dit al aan. De meest gekende vondst is waarschijnlijk de kogge van Doel. Het circa 21 meter lange schip dat in 2000 in het Deurganckdok werd aangetroffen gaf de uiteindelijke aanzet om vanuit de Vlaamse overheid structureel aandacht te geven aan maritiem erfgoed, dit zowel boven als onder water. In 2002 werden er in het dok tevens restanten van een tweede kogge gevonden. De Doelse kogge, waarvan het onderzoek in 2010 van start ging speelt in enige mate ook een symbolische rol. Als symbool voor het maritiem archeologisch onderzoek in Vlaanderen, maar ook als symbool voor de rijke maritieme geschiedenis in onze regionen. Ook internationaal wordt met veel aandacht gekeken naar het interdisciplinaire onderzoek op 'de evenknie' van de kogge van Bremen. De Vlaamse overheid mikt sinds de laatste jaren evenzeer op de inventarisatie van ons varend erfgoed en op het erfgoed onder water waarbij er wordt deelgenomen aan verschillende Europese projecten.

Een Schip Vergaat Tweemaal

Hoe het in de toekomst verder zal gaan met de maritieme archeologie is niet geheel duidelijk. Slechts enkele van de pioniers uit de jaren '40 tot '60 zijn nog in leven en ondertussen is er al een tweede en derde generatie archeologen actief in de maritieme archeologie. Verschillenden volgden een gespecialiseerde richting terwijl anderen het in de praktijk hebben geleerd van hun voorgangers. Ook is er een theoretisch kader, bestaan er verschillende technieken om ook in de moeilijkste omstandigheden

onderzoek te doen en is er een algemene eensgezindheid bij de verschillende overheden dat maritiem erfgoed gekoesterd moet worden. In tijden van crisis komt deze discipline natuurlijk onder druk te staan. Daarenboven wordt vanuit Europa voornamelijk de aandacht gevestigd op het beheer van dat erfgoed. Het belang om dit erfgoed te inventariseren, te onderzoeken en het aan het publiek kenbaar te maken valt daarbij niet te ontkennen. Dit is ook niet iets wat je eenmalig kunt doen, maar wat je constant moet onderhouden, ontwikkelen en op langere termijn moet kunnen doorgeven aan de volgende generatie. Het beheer van dat erfgoed heeft voortdurend zorg nodig want een schip vergaat niet eenmaal, maar wel tweemaal: door de natuurlijke processen die onder water op scheepswrakken inwerken verdwijnt ons erfgoed namelijk erg snel. Een eerste stap in de goede richting is door te werken aan de bewustmaking van dat waardevolle erfgoed. Deze tentoonstelling dient hierbij dus een erg goede zaak.

Jeroen Vermeersch

PREHISTORIE

De Noordzee is, net zoals alle andere zeeën en waterlopen, een belangrijk archief over het verleden. Zo bevat het zelfs informatie over de oudste perioden van het menselijk bestaan. 20 000 jaar geleden, tijdens de laatste IJstijd lag de zeespiegel 120 meter lager dan vandaag, wat inhoudt dat een groot stuk van de Noordzee ooit begaanbaar land was. Heel wat informatie uit deze vroege periode van de menselijke geschiedenis is steeds in de greep van de zee gebleven en vormt dus een belangrijke bron voor archeologisch onderzoek.

Een slagtand van de Woudolifant, of andere prehistorische dierenresten die men aantreft aan de kust of in de zee vertellen ons over het milieu waarin de mens toen leefde. Daarom is het van belang dat ook dieren- en plantenresten aandacht krijgen tijdens het archeologisch onderzoek. De omgeving is immers mede bepalend voor de omstandigheden waarin de mens moet overleven. Verder worden ook regelmatig vuurstenen afslagen gevonden, voornamelijk op de stranden van Raversijde en Mariakerke, Oostende, Westende, Blankenberge en het 'Zwin'. Deze afslagen duiden dus op menselijke activiteit in deze omgeving en dateren van soms meer dan 100 000 jaar geleden.

BOOT VAN BRUGGE

Eind augustus 1899 werd Aimé Louis Rutot van het Koninklijk Instituut voor Natuurwetenschappen er attent op gemaakt dat er een oude boot gevonden was tijdens graafwerken aan het kanaal van Brugge naar Oostende. Samen met Baron Alfred de Loë van de Koninklijke Musea voor Kunst en Geschiedenis bezocht hij de site. Bij het bezoek stelden ze vast dat een stuk van de boot reeds vernield was. De twee heren zagen het belang van de vondst in en probeerden onmiddellijk maatregelen te nemen zodat de boot bewaard kon blijven. Wanneer ze echter een uurtje later terug bij de site aankwamen konden ze alleen nog maar stomverbaasd vaststellen dat de graafmachine, die daarvoor nog 100 meter van de boot verwijderd was geweest, in sneltempo naar de site verplaatst was en daar de boot tot losse wrakstukken herleid had.

13

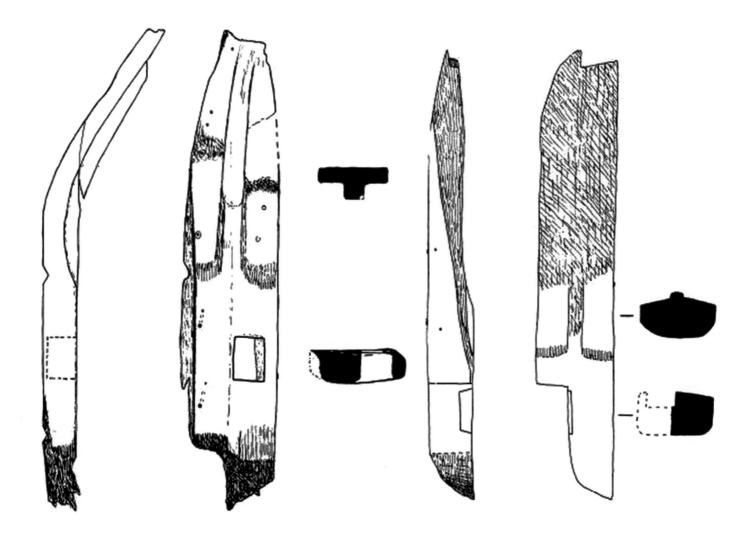

De geoloog Edouard Jonckheere kon toch nog heel wat losse stukken hout verzamelen en intekenen. Hij kon dit doen toen de houtstukken nog nat waren en dus nog niet gekrompen en vervormd door uitdroging. Over zowel de lengte van de boot als de datering ervan is decennialang gediscussieerd. Zelfs Rutot en de Loë, de enige twee personen die de boot in zijn volledigheid gezien hadden, waren het niet eens over de oorspronkelijke lengte. De eerste hield het bij zeven meter terwijl de tweede er eerder een boot van vijftien meter in zag. Ook over de datering was er onenigheid. Rutot plaatste de boot aanvankelijk in de 11^e of 12^e eeuw. Pas in de jaren '70 kon men met natuurwetenschappelijke methodes vaststellen dat het waarschijnlijk om een Romeinse boot uit de late 2^e tot begin 3^e eeuw ging.

DORESTAD

Dorestad, op de plaats van het huidige Wijk bij Duurstede (centraal Nederland), was ooit een belangrijke handelsplaats. Deze site heeft een grote maritiem archeologische waarde, omdat ze via het in de bodem bewaarde materiaal een beeld geeft van de scheepvaart op de rivieren als ook van de handelscontacten die toen plaatsvonden. Dorestad lag aan de splitsing van de rivieren Rijn en Lek, wat een uitnodiging tot handel was. Tegen het einde van de 7e eeuw kwam de handel op gang en een eeuw later triomfeerde Dorestad als een van de uit die tijd grootste handelsknooppunten in West-Europa. In de 9e eeuw kwam de haven echter door rijksdelingen in een politiek isolement te liggen en het belang van de havenplaats nam af. Handelaars bleven weg, mensen vertrokken naar andere oorden en de bewoning beperkte zich nog tot slechts een klein deel van de nederzetting.

Op dit moment is er meer dan 50 hectaren van de site opgegraven en onderzocht. De nederzetting wordt gekenmerkt door een woonzone en een los- en laadwal die van elkaar gescheiden werden door een weg. Deze los- en laadwal nam mettertijd in omvang toe en er werden kades gebouwd om in voldoende opslagruimten te voorzien. Van deze opslagruimten zijn enkel de houten zware funderingspalen teruggevonden. Deze zware palen moesten het gewicht van de opgeslagen goederen dragen. Tegelijkertijd boden deze palen het voordeel dat de opslag zich boven de grond bevond en dus beschermd was tegen hogere waterstanden.

Naast een handelsnederzetting was Dorestad ook een plaats waar mensen leefden. De woonhuizen in Dorestad waren rechthoekig en stonden parallel naast elkaar. De korte zijde van de huizen was naar de weg toegekeerd. Sommige huizen stonden wat verder af en hadden een klein voorhof. Naast het voorzien van voedsel en het dagelijks onderhoud, vond er ook heel wat nijverheid in en bij de huizen plaats. De veelvuldig aangetroffen spingewichtjes wijzen op een belangrijke weefactiviteit. Slijpmateriaal getuigt van gereedschap dat op geregelde tijden aangescherpt diende te worden en onder meer opgegraven sleutels en kledingsspelden duiden op metaalbewerking waarvoor zelfs precisiewerk nodig was.

Naast gewei en barnsteen werd in Dorestad ook been bewerkt. Er werden kammen vervaardigd, evenals allerlei andere voorwerpen zoals fluitjes, spinklosjes en glissen. Een glis is een stuk been dat aan één zijde glad gemaakt is en waarin gaten voorzien werden om het stuk te bevestigen. Dit kon onderaan een schoen, maar eveneens onder een transportslee zijn. Dit zou de mobiliteit in de sneeuw, over ijs, of zelfs door modder vergemakkelijkt hebben. Een bewijs dat in alle weersomstandigheden de handels- en marktactiviteiten verder gezet konden worden.

Dat er intensief handel gedreven werd in Dorestad, wordt aangetoond door de enorm grote hoeveelheden uitheemse keramiek die aanwezig bleek. Deze is voornamelijk afkomstig uit het Rijnland. Een weegschaal met enkele gewichtjes en enkele toetsstenen om edelmetalen te keuren, getuigen van de aanwezigheid van handelaars. Ook barnsteen en gewei, ingevoerd vanuit noordelijkere streken, bevestigen de bloeiende handel. Toch bracht archeologisch onderzoek tot nog toe slechts één schip aan het licht, want in de zandige bodem blijft zelden hout bewaard. Het zijn vooral metalen scheepsonderdelen, zoals nagels, die ons bevestigen dat er ooit wel degelijk schepen aanmeerden in Dorestad.

DE KOGGE

In het najaar van 2000 nam een kraan bij graafwerken voor het Deurganckdok nabij Doel in de haven van Antwerpen een grote hap uit de bodem waarbij heel wat houtfragmenten naar boven kwamen. De archeologen die de verschillende werken in het dok opvolgden kwamen onmiddellijk ter plaatse. Bij het verder vrijleggen werd al snel duidelijk dat het om een zeer goed bewaarde kogge ging, een vrachtschip dat een belangrijke rol speelde in onze contreien tussen de 12^e en 15^e eeuw. Het was de Archeologische Dienst Waasland die, in samenwerking met Nederlandse specialisten ter zake, in snelvaart begonnen met de ontmanteling van het schip zodat de graafwerkzaamheden zoals gepland verder konden gaan.

Voor de ontmanteling van de kogge paste men het Nederlandse systeem toe. Dit systeem bestond er in om elk stuk hout een code te geven. 'Dwarsbalk 1SB' staat voor de eerste dwarsbalk aan stuurboordzijde, van vanachter geteld. Eens de buitenste beplanking een dergelijke code had gekregen werd deze na het inschetsen één voor één weggenomen. Vervolgens gaven de archeologen de serie spanten een code en kon men dit deel ontmantelen. Zo ging men verder tot het laatste stuk scheepshout weggenomen was. Op deze manier weten de onderzoekers vandaag op basis van de code precies uit welk deel van het schip een stuk hout komt.

Het duurde nog tot 2009 vooraleer er besloten werd om over te gaan tot onderzoek van het scheepshout. Het hout lag tot die tijd in met water gevulde containers in de Antwerpse haven. Het Waterbouwkundig Laboratorium in Borgerhout, waar het hout bestudeerd wordt, is sindsdien de nieuwe verblijfplaats van de kogge. Elke paar maanden worden een aantal containers naar het laboratorium gebracht voor onderzoek. De soms wel zeven meter lange en honderden kilo's wegende stukken hout worden – zonder ze te beschadigen – uit de containers gehaald. Het terug leggen van de stukken in de containers na het onderzoek is geen sinecure en hier komt dan ook heel wat mankracht bij kijken.

Grote stukken hout op een veilige manier op de tekentafel leggen is ook al geen evidentie. Gelukkig kan hiervoor gebruik gemaakt worden van een kleine takel en heel wat spierkracht. Eens op de tekentafel wordt het stuk hout nauwkeurig ingetekend op computer. Dit gebeurt in drie dimensies om later van ieder stuk hout een op schaal gemaakte 3D-print te maken. Met deze kleine plastieken stukjes van de kogge zal men proberen een model te bouwen van het schip dat exact weergeeft hoe de kogge er vroeger uitzag. Op dit model zullen ook testen worden uitgevoerd in de bassins van het laboratorium om na te gaan hoe snel de kogge kon varen en hoe stabiel ze in het water lag.

De onderzoekers tekenen alle stukken hout één voor één in met een FARO-arm. Dit is een elektronische arm waarmee punten op het stuk hout worden aangeduid. De FARO-arm geeft de X-Y-Z-coördinaten van deze punten door aan een computer die deze onmiddellijk weergeeft op het scherm en verbindt zodat men een lijn bekomt. Met behulp van deze tekenarm kan het volledige stuk hout in 3D getekend worden op het computerscherm. Verder tekent men ook zoveel mogelijk sporen die zichtbaar zijn op het stuk hout. Dit kan gaan van gaten voor houten pennen, nagelgaten, kapsporen, zaagsporen en zelfs markeringen aangebracht door de scheepsbouwer zelf.

35

Ook het hout zelf van de kogge wordt onderzocht. Een belangrijk aspect hiervan zijn de jaarringen in het hout, deze worden dan ook in detail gefotografeerd. Door de jaarringen te gaan vergelijken met al gekende series hout waarvan de datering gekend is kan men de veldatum van de bomen waarvan de kogge gemaakt is te weten komen. Daarom nemen de onderzoekers stalen van zoveel mogelijk planken. Deze studie bracht tot nu toe aan het licht dat de eikenbomen waaruit de planken van de kogge waren gezaagd, geveld werden in de winter van 1325 of 1326 in Nedersaksen (Duitsland). De kogge is dus ook vermoedelijk kort na deze datum gebouwd op een nog ongekende locatie. Gezien hout erg vaak geëxporteerd werd is de bouwlocatie vooralsnog niet gekend.

De romp van de kogge bestaat uit planken die overlappend aan elkaar gespijkerd zijn. Dit zorgt soms voor naden tussen de planken, waardoor de romp niet waterdicht is. Dit loste men op door mos tussenin de planken te hameren. Deze dichting werd afgedekt met behulp van een houten latje en ijzeren krammen, sintels genaamd. Door het water gingen de mossen uitzetten en kon er geen water meer langs. Deze mossen noemt men breeuwsel en dit is soms nog aanwezig op de planken van de kogge. Met een scalpel worden hier stalen van genomen. Deze mossen vangen namelijk ook pollen op en deze kunnen ons iets vertellen over de herkomst van het mos en de omgeving van de scheepswerf. Gezien het breeuwsel regelmatig vervangen moest worden kunnen archeologen aan de hand van de pollen te weten komen waar de kogge aanmeerde tijdens haar reizen.

De kogge wordt niet alleen bestudeerd, maar ook geconserveerd. Het is namelijk de bedoeling dat de kogge volledig terug opgebouwd en opgesteld wordt in een museum voor het publiek. Daarom gaat men testen hoe het met ieder stuk hout van de kogge gesteld is. Dit doet men onder andere met een pilodyn. Dit toestel lijkt op een siliconenspuit, maar in plaats van silicone te spuiten schiet dit toestel een metalen pin in het hout. Hoe dieper de pin in het hout kan doordringen, hoe slechter het hout eraan toe is. Verder zullen alle stukken hout een behandeling ondergaan waarbij ze in een bad met vloeibare was gelegd worden waardoor al de houtcellen worden gedicht en de afbraak ervan stopt.

ZEEBRUGGE WRAK

Enkele kilometers voor de kust van Knokke-Heist en Zeebrugge bevindt zich de 'Vlakte van de Raan'. Op deze zandbank vond de reder Bart Schiltz in 1990 een grote hoeveelheid voornamelijk metalen objecten. Hij hoopte met deze vondst het wrak van het VOC schip de *Anna Catharina* gevonden te hebben. De Verenigde Oost-Indische Compagnie (VOC) was een Nederlandse handelsvereniging die in de 17^e-18^e eeuw op India en andere Aziatische landen vaarde. De *Anna Catharina* was samen met haar zusterschip *'t Vliegend Hart* op weg naar Indië toen ze in een storm verzeild geraakten en zonken op 3 februari 1735. *'t Vliegend Hart* werd reeds teruggevonden in 1980, maar van de *Anna Catharina* ontbrak elk spoor. De 'Vlakte van de Raan' zou volgens aanwijzingen in het archief van de VOC de mogelijke laatste rustplaats kunnen zijn van dit scheepswrak.

Samen met enkele collega's onderzocht Bart Schiltz de vlakte met behulp van een sonar. Ze vonden geen enkel spoor van de scheepsresten. Enkel een gedeelte van de vermoedelijke lading was nog aanwezig, verspreid over een afstand van ruim 70 vierkante meter. Vervolgens gebruikten ze een magnetometer om het metaal te kunnen detecteren. Het gebied werd daarvoor afgezet in kwadranten, waarbij elk vlak werd blootgelegd om alle objecten te recupereren. Hierbij kregen de duikers te maken met enkele hindernissen. Zo moesten ze afrekenen met de slechte zichtbaarheid onder water en de sterke stromingen van de Noordzee. Dit laatste zorgde ervoor dat de site sterk onderhevig was aan constante veranderingen. Het limiteerde eveneens de duiktijd die beperkt was tot de korte periode tussen eb en vloed.

Na onderzoek van de vondsten kon worden vastgesteld dat deze onmogelijk van de *Anna Catharina* afkomstig konden zijn, maar van een veel ouder schip moesten afstammen. Het merendeel van de objecten bestond namelijk uit koperen tafelkandelaars in laatgotische stijl, typisch voor de 15e of 16e eeuw. Het wrak zou dus twee eeuwen ouder dan de *Anna Catharina* zijn. De aanwezigheid van enkele penningen met het wapenschild van Filips de Schone (1478-1506) vormde eveneens een goed referentiepunt voor de datering. Eén van de grootste voorwerpen die naar boven werd gehaald, was één van de vier smeedijzeren kanonnen, vastgebonden op een houten onderstel. Een andere opmerkelijke vondst betrof een grote hoeveelheid muntgewichtjes, uitgerust met het merkteken van Nürnberg. Verder trof men andere voorwerpen uit koper, brons, zilver en tin aan, zoals verschillende borden, tapkranen, stampers, schenkkannen en zoutvaatjes.

Door de grote hoeveelheid aan identieke objecten moet het om een scheepsvracht zijn gegaan van een groot handelsschip dat goed beveiligd was met zware artillerie. De lading bestond uit typische producten die verhandeld werden in Antwerpen. Bij het vergelijken van deze informatie met de verschillende scheepstypes uit de 16^e eeuw in Vlaanderen, komt het wrak het meeste overeen met een hulk of een Vlaamse kraak. Waarschijnlijk was het zijn reis begonnen in Antwerpen en voer het richting het Iberische schiereiland, meer bepaald naar Lissabon. De resten van het houten schip zullen vermoedelijk voor eeuwig verloren blijven, wegens de sterke stroming van de Noordzee. De nabijheid van een veel bevaren handelsroute en baggerwerken, zorgen er eveneens voor dat het geheim van de identiteit van het schip voor altijd in de greep van de zee zal blijven.

In 1996 bleef de visser Luc Louwagie, vlak voor de kust van Koksijde, met zijn netten haperen op de Buiten Ratel-zandbank. Een groep van enthousiaste duikers bundelden hun krachten onder de naam Noordzee Archeologisch Team Aquarius (NATA). Samen met een maritiem archeoloog konden zij bevestigen dat het om een scheepswrak ging en jarenlange verkenning van het wrak leverde heel wat vondsten op. Zoals men op de foto kan zien is de realiteit van een scheepswrak soms minder fraai dan men zou verwachten. Hier is geen schip zichtbaar, liggend op de zeebodem, maar wrakresten verspreid over een grote oppervlakte. In 2003 kregen de duikers versterking van het Vlaams Instituut voor Onroerend Erfgoed (VIOE) om het onderzoek en de conservatie verder te zetten. Samen gingen ze op zoek naar de identiteit van dit schip.

51

Getijdenstromingen, slechte zichtbaarheid, lage temperatuur van het water, slechte weersomstandigheden, ... al deze factoren maken van de Noordzee een van de gevaarlijkste duikplaatsen ter wereld. Archeologen gaan daarom enkel aan de slag onder water op de kentering, dit betekent dat de getijdenstromen wisselen van richting en er een kort moment zonder stroming is, wat het een stuk veiliger maakt. Eens het Buiten Ratel-wrak gelokaliseerd was, heeft men er de precieze GPS-coördinaten van genomen. Zo kan het wrak makkelijk teruggevonden worden. Om veilig te kunnen afdalen naar het wrak wordt een ankerlijn uitgeworpen op het wrak met een boei aan vast. Langs deze lijn dalen de duikers af naar de Buiten Ratel-wraksite.

Archeologische taken uitvoeren op het Buiten Ratel-wrak is soms heel moeilijk. Vooreerst is er een strakke tijdslimiet. Meestal kunnen de duikers maar 30 á 40 minuten werken voordat ze opnieuw naar de oppervlakte moeten. Verder is er nog de zichtbaarheid onder water die in het beste geval vier tot vijf meter bedraagt. Dit heeft een grote invloed op het foto- en filmmateriaal dat de archeologen kunnen maken. Dit wordt duidelijk geïllustreerd door deze foto van een duiker die als referentie een schaallatje bij een wrakstuk houdt. Ook het inmeten en tekenen van stukken onder water is, gezien de weinige referentiepunten, geen eenvoudige opdracht. Toch zijn de duikers erin geslaagd een vrij volledig plan van de site te maken en wordt er bij iedere duik nog geprobeerd om dit plan verder aan te vullen.

Vele stukken van de wraksite zijn zodanig verzand, geërodeerd en begroeid dat ze zeer moeilijk te identificeren zijn. Een mooi voorbeeld zijn de houten elementen op de foto. Waarschijnlijk zijn dit stukken van het schip zelf, maar de functie is nog steeds niet achterhaald. Gelukkig zijn een groot deel van de vondsten die bovengehaald zijn in een veel betere staat. Er zijn zowel stukken van het schip zelf, zoals onderdelen van de pomp, als uitrusting van de bemanning, zoals kopjes en schoteltjes, alsook delen van de lading, zoals tonnen en gereedschapskisten, boven water gehaald. Met deze voorwerpen ging men aan de slag om het scheepswrak te identificeren.

Interessant zijn de zeventien patroontassen, teruggevonden op de Buiten Ratel. Deze bestaan uit een smalle messing doos gevat in een lederen overtreksel. De doos bevat twaalf messing kokers, beschermd door een tweeledig deksel. Het lederen overtreksel wordt afgesloten met een lederen kap. De lederen onderdelen van deze tassen vertonen een gerasterd patroon, wat typisch is voor de tassen van de Verenigde Oost-Indische Compagnie (VOC). Ook al is het zeer waarschijnlijk dat het effectief om de standaarduitrusting voor een VOC schip gaat, is er echter nog geen enkele vondst aangetroffen met een VOC-merkteken. Voorlopig kan de identificatie van dit schip als een schip van de VOC noch bevestigd, noch weerlegd worden.

Een opmerkelijke vondst is deze tabaksdoos in accoladevorm uit messing uit het midden van de 18e eeuw. Op de bodem staat een figuratieve voorstelling met links de profeet Elisa en rechts twee personen die verscheurd worden door beren, terwijl de andere figuren wegvluchten. Onder de tekening staat het opschrift 'De goddelijke straf over de jongens van Bettel'. Dit verwijst naar het verhaal van Elisa uit het Oude Testament, de profeet van Jericho, die naar Betel ging om de afgoderij te bestrijden en door de plaatselijke jeugd werd uitgescholden als 'kaalkop'. Elisa vervloekte hen waarop twee berinnen uit de struiken tevoorschijn kwamen en 42 van de kinderen levend verscheurden. Deze doos verwijst naar het tabaksgebruik van een van de opvarenden.

ROOSWIJK

Op 9 januari 1740 kwam de *Rooswijk*, een VOC-schip dat vanuit Texel (Noord-Holland) aan zijn tweede reis richting India begon, in een zware storm terecht. Die nacht kon men kanonschoten horen in Deal (Zuidoost Engeland) en wist men dat er een schip in nood moest zijn. De dag nadien spoelde er wrakhout en een kist met brieven aan waaruit bleek dat het om de *Rooswijk* ging. Het schip was met man en muis vergaan op negen kilometer voor de kust van Deal.

De *Rooswijk* was een hekboot. Dit was een populair scheepstype in de 17^e eeuw dat gebouwd was om veel vracht te kunnen vervoeren. Het schip werd in 1737 gebouwd in opdracht van de Kamer van Amsterdam op de VOC-werf in Amsterdam. De tekening links toont de scheepswerf van de VOC in Amsterdam rond 1750. Op de voorgrond is de oever van de IJ (rivier in Noord-Holland) te zien met twee scheepshellingen waarvan één gebruikt wordt voor de bouw van een nieuw schip.

In 2004 werd het schip bij toeval herontdekt en in 2005 ging men over tot de berging. Dit gebeurde in het grootste geheim om souvenirjagers te vroeg af te zijn. De lading van het schip bleek uit 30 kisten met meer 1000 zilverstaven en zilveren munten te bestaan. Toen men in 2007 een deel van de archeologische artefacten en lading aan de Nederlandse overheid overdroeg, stond een team van de Rijksdienst voor Cultureel Erfgoed (RCE) en het MuZEEum Vlissingen in voor het verdere onderzoek en conservatie van de vondsten. Hierna werden de vondsten over verschillende musea in Nederland verdeeld. Sindsdien wordt verder onderzoek uitgevoerd door een Engels team onder controle van de Nederlandse archeologen van de RCE.

VOC-schepen zijn een bijzonder stuk erfgoed voor Nederland en zij bezitten dan ook over een grote expertise op dit vlak. Niet alleen zijn ze wereldtop op het gebied van onderzoek naar archeologisch materiaal van de VOC, maar ook het toegankelijk maken van dit erfgoed voor het publiek doen ze op een spectaculaire manier. Zo bouwen ze varende replica's van gekende VOC-schepen op ware grote. Een mooi voorbeeld hiervan was het spiegelretourschip *Prins Willem* uit 1650 dat helaas door brand verwoest werd in 2009. Maar de *Prins Willem* was geen unicum. Vandaag kan men op de Bataviawerf in Lelystad het VOC-schip de *Batavia* bewonderen en live zien hoe het oorlogsschip, de *Zeven Provinciën*, in aanbouw is.

Ook in Belgische wateren is een VOC-schip gekend. Samen met haar zusterschip de *Anna Catherina*, vertrok *'t Vliegend Hart* op 3 februari 1735 voor de tweede maal richting Oost-Indië. De twee schepen liepen echter vast op een zandbank waardoor de *Anna Catherina* ter plaatse zonk. *'t Vliegend Hart* kon wel nog wegkomen, maar kwam korte tijd later opnieuw vast te zitten en werd daar toch door de golven verzwolgen. In september 1981 werd het wrak gevonden door de Engelse wrakkenjager Rex Cowan. Het schip werd in samenspraak met de Nederlandse overheid geborgen, de opgedoken artefacten bestudeerd en geconserveerd. Het muZEEum in Vlissingen beschikt over een grote collectie afkomstig van dit wrak. De *Anna Catherina* is echter nog altijd spoorloos.

BELGICA

Het schip de *Belgica* kende al een lange en woelige geschiedenis voor het op de zeebodem belandde. Van oorsprong was het een Noors schip genaamd de *Patria* dat ingezet werd tijdens de walvis- en robbenjacht in het arctisch gebied. Het was omwille van deze reden dat de Belgische ontdekkingsreiziger Adrien de Gerlache zijn oog liet vallen op de driemaster om hiermee de eerste Belgische Zuidpoolexpeditie te ondernemen. Hij liet het ombouwen tot een onderzoeksschip en herdoopte het tot de *Belgica*. In de zomer van 1897 was alles klaar om uit te varen. De grootste verdienste van deze expeditie lag in het wetenschappelijk karakter en het verwierf enorme bekendheid omwille van de eerste overwintering op Antarctica.

Na de terugkeer van de Zuidpoolexpeditie wist men geen permanente herbestemming te geven aan het schip, waardoor het verloederde. De *Belgica* wisselde regelmatig van eigenaar en kwam onder meer in handen van de Franse troonpretendent en amateur ontdekkingsreiziger Philippe, hertog van Orléans. Zij vervulde achtereenvolgens verschillende functies gaande van robbenjager tot expeditieschip tot het verkocht werd aan het Noors staatsmijnbouwbedrijf. Deze bouwde haar om tot een transportschip en herdoopte haar de *Isfjord*. Al snel besefte men dat het schip te verouderd was om in actief gebruik te blijven en er een moderner schip nodig was. De *Isfjord* werd afgedankt en belandde als visverwerkend schip in de havenstad Harstad, waar zij haar naam de *Belgica* terugkreeg en uiteindelijk zou eindigen als opslagplaats voor vis en kolen.

In 1940, bij het begin van de Tweede Wereldoorlog, vielen de Duitse troepen Noorwegen binnen. De Britten die de strijd om Narvik ondersteunden, namen de *Belgica* in beslag als opslagplaats en laadden het vol met explosieven. Het schip werd naar de baai van Brurvik gesleept, net voorbij de havenstad Harstad, waar het samen met een ander schip, eveneens volgeladen met munitie, voor anker lag. Over de manier waarop de schepen daar gezonken waren, bestaan twee versies. De eerste verklaart het door een Duits luchtbombardement. De *Belgica* zelf zou hierbij niet geraakt zijn, maar eerder ten gevolge van de schokgolven gezonken zijn. Een tweede, meer waarschijnlijke theorie, vermoedt dat de Britten de schepen bewust lieten zinken bij hun snelle aftocht om de munitie uit de handen van de vijand te houden.

Met het zinken van het schip raakte het na de oorlog ook in vergetelheid. Gedurende een halve eeuw bleef het wrak ongemoeid op de zeebodem liggen tot leden van de lokale duikersclub van Harstad de *Belgica* herontdekten in 1990. De identificatie liet even op zich wachten, maar kon uiteindelijk toch gebeuren onder meer op basis van versiering aangebracht op de boeg. Het duurde echter tot 2005 voor deze informatie in België bekend werd dankzij een artikel geschreven door de Noor Kjell Kjaer dat handelde over de beschrijving van de vondst. De interesse flakkerde weer op en dit leidde tot de oprichting van het Belgica-genootschap in 2006. Via schenking werden zij de nieuwe eigenaar van het wrak.

Het Belgica-genootschap heeft als doel het wrak te onderzoeken en te documenteren om zo de geschiedenis van de *Belgica* te reconstrueren. Tevens heeft het een beschermfunctie en indien de bewaringstoestand het zou toelaten, staan zij in om het schip in zijn geheel of gedeeltelijk te bergen en te conserveren. Na de oprichting werden er onmiddellijk expedities uitgezonden naar Noorwegen om het wrak te onderzoeken. Het genootschap trok naar Harstad, hoog in het noorden van het land. Het is op zo'n twee kilometer afstand van deze havenstad dat zich de baai bevindt, waar de *Belgica* nu zijn laatste rustplaats gevonden heeft, een paar 100 meter van de kustlijn.

Tijdens deze expedities naar het wrak, brachten leden van het Belgica-genootschap het schip in kaart. Samen met experten van het Nationaal Museum van Denemarken werd de bewaringstoestand van het hout van het schip door duikers van het Belgica-genootschap geanalyseerd. Onder water werd door middel van peilingen met een "pylodine" apparaat de degradatie van het hout gemeten in de buitenste lagen. Er werden eveneens houtmonsters genomen gelijkmatig verdeeld over het schip.

Deze monsters zijn boorkernen die een beeld geven van de evolutie van de degradatie dieper in het hout. Het onderzoek wees uit dat conservatie nog mogelijk is. Toch is het de vraag of bewaring in situ niet een betere oplossing is.

Losse vondsten van de *Belgica* werden al boven gehaald, waarvan het anker een van de grootste is. De lokale duikersclub van Harstad schonk deze aan het Belgica-genootschap die het voor verdere conservering doorgaven aan het Agentschap Onroerend Erfgoed (AOE). Andere objecten die duikers mee naar boven haalden zijn onder andere de patrijspoorten (de scheepsraampjes), enkele kisten met munitie uit het cargoruim en andere kleinere objecten. Onderdelen van het schip die niet tot de verbeelding van de schattenjagers spraken zijn op de oceaanbodem blijven liggen. Dit zijn onder meer het roer (links op de afbeelding), steenkool, die gebruikt werd als brandstof en explosieven. Het dek is grotendeels ingezakt.

Het munitiedepot in het voorste deel van het cargoruim vormt een getuigenis van de gebeurtenissen tijdens het laatste gebruik van het schip. De munitie vormt echter een obstakel indien men verder het interieur van het wrak zou wensen te bestuderen. Deze zou dus eerst verwijderd moeten worden vooraleer nieuw archeologisch onderzoek mogelijk is. Toch kan een studie van deze springstoffen eveneens waardevolle informatie opleveren over hoe bepaalde chemische processen onder water verlopen. Een voorbeeld hiervan is het meten van de snelheid waarmee de onderdelen van de munitie worden afgebroken. De bekomen resultaten kunnen dan weer gebruikt worden bij de risicobepaling van explosieven op de bodem van de oceaan.

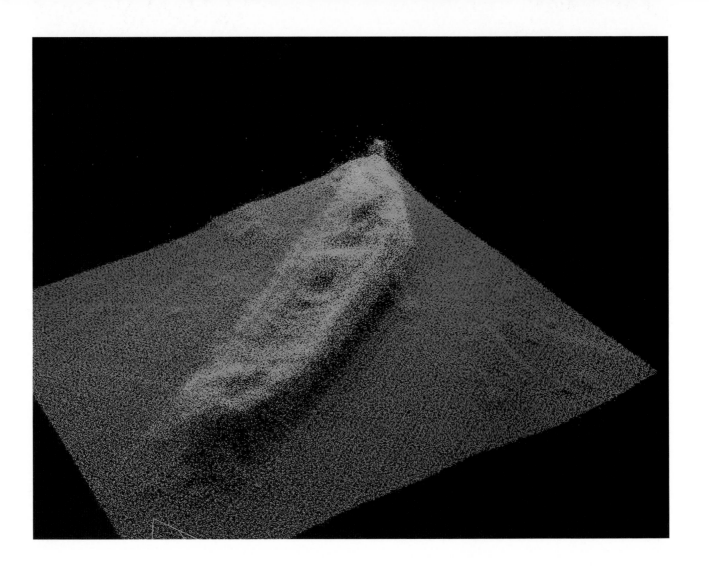

In 2007 werden er door het Belgica-genootschap enkele multibeam-opnames gemaakt van het wrak en zijn omgeving. Deze techniek op basis van geluidssignalen (sonar), berekent de afstand van het onderzoeksschip tot de zeebodem. Het resultaat is een zeer gedetailleerde kaart, die zowel de diepte als de aard van de zeebodem weergeeft. In tegenstelling tot fotografie hoeft de archeoloog hierbij geen rekening meer te houden met zichtbaarheid onder water. Multibeam kan zelfs tot dieptes van 1000 meter meten, al heeft men wel een krachtige computer nodig om deze grote hoeveelheid signalen op te slaan en te verwerken. Op deze manier kon een totaalbeeld verkregen worden van de *Belgica* en zijn laatste rustplaats, die zich op ongeveer twintig meter diepte bevindt. De exacte positie van het schip en de resten daarrond bracht men zo in beeld.

Hoewel het wrak zich in een slechte bewaringstoestand bevindt, blijft het schip toch tot de verbeelding spreken en is de interesse aanwezig. Na het Belgica-genootschap, werd in 2007 in Boom het New Belgica-project opgestart. Dit houdt zich bezig met het bouwen van een replica van het schip, die ook bedoeld is om uiteindelijk de zee te bevaren. Het Belgica-genootschap koestert nog steeds de droom om de *Belgica* terug naar België te halen. Door de slechte staat van het wrak lijkt het echter een enorme ambitieuze opdracht. Om hierin te slagen, zou het schip onder water gedemonteerd moeten worden, om nadien opnieuw op land terug samengesteld te worden. Momenteel staat conservering en bescherming van het wrak centraal. Dit om verdere teloorgang van een stukje waardevolle geschiedenis tegen te gaan.

PRANGENHOF

De *Prangenhof* was een 'Vorpostenboot'. Dit is de Duitse benaming voor een niet-militair schip dat tijdens de oorlog werd bewapend en gebruikt om in kustwateren te patrouilleren. De *Prangenhof* (gebouwd in 1902) was oorspronkelijk een Duits visserschip uit Bremerhaven en werd in 1915 opgevorderd om dienst te doen bij de Duitse marine aa de Vlaamse kust. Het schip had in deze periode Oostende en Zeebrugge als aanlegplaats. Op 27 april 1916 liep het schip vast op een zandbank ter hoogte van Knokke en zonk. Het Duitse archief dat deze periode beschrijft, is verloren gegaan. De *Prangenhof* werd vergeten en zou bijna 90 jaar bekend staan als wrak *B124/318*.

De *Prangenhof* lag op zo'n tien meter diepte midden in de zeevaartroute in het Kanaal. In het najaar van 2001 besliste men om dit obstakel te verwijderen. De berging gaf archeologen de mogelijkheid om het wrak te onderzoeken. Na vooronderzoek (met duikers en sonar) maakte men de *Prangenhof* los door 'vrijspuiting'. Dit is het verwijderen van zand rond het wrak door er met hoge druk water op te spuiten. In een tweede fase bracht men stalen kabels aan onder het wrak. Op 27 november 2001 volgde de laatste fase: de *Prangenhof* werd boven water gehesen en naar Oostende weggesleept.

Eenmaal het wrak op de Cockerillkaai in Oostende lag, kon het echte onderzoek beginnen. Aan boord vond men grote hoeveelheden geweermunitie en obussen voor het vijfcentimeterkanon op dek. De ontmijningsdienst van het leger maakte deze onschadelijk. Verder trof men ook alledaagse voorwerpen aan zoals flessen, schoenen en bestek. Deze stukken bleken merkwaardig goed bewaard, net zoals de houten onderdelen van het schip. Stukken meubilair en het pijnbomenhouten dek verkeerden in uitstekende staat. Ook de romp van de *Prangenhof* was helemaal gaaf. Een volledige afdekking van het wrak door modder en zand kan hiervan de oorzaak zijn.

Het archeologisch onderzoek kwam tot een eerder verrassende conclusie. Er was vijfcentimetermunitie aan boord, maar geen spoor van het vijfcentimeterkanon dat op dek gestaan moet hebben. Verder was de romp volledig onbeschadigd (behalve op de plaatsen waar de stalen kabels voor de berging hadden gezeten) en werden er nauwelijks persoonlijke spullen van matrozen of navigatiemateriaal gevonden in het wrak. Het is daarom bijna zeker dat het schip niet door militair geweld is gezonken, maar strandde op een zandbank. Er was nog voldoende tijd voor een evacuatie van de matrozen en het meest waardevolle materiaal, eer het schip onder de golven verdween.

Inleiding

T. Maarleveld *et al.*, 1990, Archeologie onder water. Het verleden van een varend volk. Amsterdam.

T. Maarleveld, 1995, Type or technique. Some thoughts on boat and ship finds as indicative of cultural traditions. *International Journal for Nautical Archaeology* 24. 3-7.

K. Muckelroy, 1978, *Maritime Archaeology*. Cambridge.

M. Pieters, 2007, Onderzoek op het strand van Raversijde, pionierswerk in de maritieme archeologie In: Gevaert, G. (ed.), De archeologische site 'Raversijde-strand', Academische zitting over maritieme archeologie. 31-33.

M. Pieters, De Noordzee: een waardevol archief onder water. Meer dan 100 jaar onderzoek van strandvondsten en vondsten uit zee in België: een overzicht. *Relicta, Archeologie, Monumenten- en Landschapsonderzoek in Vlaanderen*, volume 6. 177-218.

T. Termote en D. Termote, 2009, Schatten en scheepswrakken - Boeiende onderwaterarcheologie in de Noordzee. Leuven.

C. Westerdahl, 1992, The Maritime Cultural Landscape. *International Journal for Nautical Archaeology* 21.1. 5-14.

http://www.onderzoeksbalans.be/onderzoeksbalans/archeologie/maritiem

Prehistorie

M. Pieters *et al.*, 2010, De Noordzee: een waardevol archief onder water. Meer dan 100 jaar onderzoek van strandvondsten en vondsten uit zee in België: een overzicht, *Relicta 6*, 177-218.

Boot van Brugge

P. Marsden, 1976, A boat of the Roman period found at Bruges, Belgium, in 1899, and related types, *International Journal of Nautical Archaeology and Underwater Exploration* 5.1. 23-55.

Dorestad

L. van der Tuuk, 2011, De Eerste Gouden Eeuw, Handel en Scheepvaart in de Vroege Middeleeuwen, Utrecht.

www.museumdorestad.nl

www.dorestadonthuld.nl

Zeebrugge wrak

S. Vandenberghe, 1997, Découvertes importantes de la fin du 15ième et le début du 16ième sciècle provenant du fond de la mer du Nord en face du

BRONNEN

port de Zeebrugge, in: G. De Boe en F. Verhaeghe (eds.) *Travel Technology & Organisation in Medieval Europe, Papers of the 'Medieval Europe Brugge 1997' Conference* 8. 87-90.

S. Vandenberghe, 2006, Belangrijke vondsten van de Zeebrugge-site, in: M. Pieters *et al.* (eds.) *Ter zee of niet ter zee- 2de internationaal Colloquium over maritieme en fluviale archeologie in het zuidelijke Noordzeegebied*, Bruggge. 19-20

J. Parmentier, 2011, Sur les traces du commerce maritime en mer du Nord du XVIe au XVIIe, Dunkerque.

Buiten Ratel

I. Zeebroek *et al.* , 2010, Een 18de-eeuwse wraksite op de Buiten Ratel-zandbank (Belgische territoriale wateren) (I): Multidisciplinair onderzoek van het vondstenmateriaal, in *Relicta 6*, Herent.

De Rooswijk

celocant-journalofadealboatman.blogspot.com
www.refdag.nl/nieuws/politiek/britten_vertragen_berging_voc_schip_1_269119

www.rnw.nl/nederlands/article/brand-voc-schip-ontstaan-koelinstallatie
www.vocsite.nl

Belgica

J. Verlinden, 2011, Het Poolschip Belgica, in: *Monumenten, Landschappen en Archeologie* 30.2. 6-24.

T. Termote en N. Mouchart, 2011, Het wrak van de Belgica, in: *Monumenten, Landschappen en Archeologie* 30.2. 25-39.

T. Lenearts *et al.* , 2008, Destination Harstad? The wreck of the Belgica discovered on the bottom of a Norwegian bay, Brussel.

Prangenhof

T. Termote, 2003, *S.M.S.* Prangenhof: De Vorpostenflottille Flandern 1914-1918 aan de hand van professionele berging en maritiem archeologisch onderzoek, Langemark.

T. Termote en D. Termote, 2009, Schatten en Scheepswrakken, Leuven.

103

COLOFON

Organisatie tentoonstelling	Studentenkring Alfa i.s.m. Centrale Universiteitsbibliotheek K.U. Leuven
Algemene coördinatie	Thomas Dhoop, Karolien Pazmany, Suzanna Praet en Dries Van Langendonck
Wetenschappelijk advies	Prof. Dr. Jeroen Poblome, Prof. Dr. M. Lodewijckx Ine Demerre, Tom Lenaerts, Jeroen Vermeersch en Inge Zeebroek
Realisatie	Thomas Dhoop, Karolien Pazmany, Suzanna Praet en Dries Van Langendonck met medewerking van archeologiestudenten van de K.U. Leuven
Met dank aan	Dhr. Dirk Aerts, Mevr. Erna Mannaerts, Dhr. Tarek Peeters, de heren Dominique Coene, Marc Derez, Gery Gerits, Mark Ronsmans en andere personeelsleden van de bibliotheek Jeroen Vermeersch, Tom Lenaerts, Ine Demerre en Inge Zeebroek van het Vlaams Instituut voor Onroerend Erfgoed (VIOE) Willy Versluys (Belgica-genootschap), Wilbert Weber (MuZEEum Vlissingen), Dafna van der Poel (Rijksdienst voor Cultureel Erfgoed), Luit Van der Tuuk (Museum Dorestad), Jan Parmentier (Museum Aan de Stroom en VZW Maritieme Archeologie), Bram Janssens, Jef Vrelust (Museum Aan de Stroom), Bart Shiltz en de overige leden van de VZW Maritieme Archeologie, Jan en Wim Vermeire en de overige leden van de VZW NATA, Nicolas Mouchart, Tomas Termote, Johan Opdebeeck, Bruno Vandermeulen en Elise Geijsels.
Met financiële steun van	Alfa Archeologie, Cultuur Commissie K.U. Leuven, LEUKAM: Alumni archeologie, kunstwetenschap en musicologie K.U. Leuven, Permanente Onderwijscommissie Archeologie, Kunstwetenschappen en Musicologie, Centrale Universiteitsbibliotheek K.U. Leuven, Stefaan Moerman bvba, Monument Archeologie, Archeologie, Erfgoed, Bouwhistorie, Linx, All-archeo, ARON bvba en de nationale loterij.

SPONSORS

Linx+
VLAAMS-BRABANT

ABVV-partner in vrije tijd

ALFA · K.U.L.

ALL
Archeo

Archeologisch onderzoek
www.all-archeo.be

ARON **bvba**
Archeologisch Projectbureau

Leu.
kam

Stephaan Moerman
Transport bvba

Samen creëren we kansen

GROUP
MONUMENT

ARCHEOLOGIE
ERFGOED
BOUWHISTORIE